A TOUTES LES FEMMES

POUR ÈTRE

TOUJOURS BELLES

CLICHY. — Imp. M. Loignon, Paul Dupont et Cᵉ, rue du Bac-d'Asnières, 12.

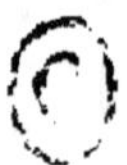

A TOUTES LES FEMMES

POUR ÈTRE

TOUJOURS BELLES

MODESTES OBSERVATIONS

PAR

JULES FREY

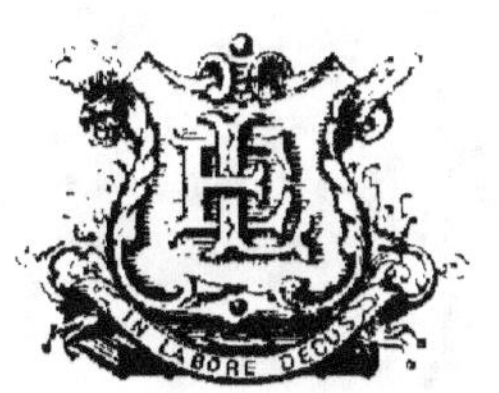

PARIS

E. LACHAUD, LIBRAIRE-ÉDITEUR

4, PLACE DU THÉATRE-FRANÇAIS

1869

Le besoin de beauté est si naturel,
si impérieux chez nous, que la femme
— qui est assez forte pour s'avouer
qu'elle n'est pas belle — éprouve la
nécessité de se consoler de cet acci-
dent, en se disant, — placée devant
son miroir, — qu'elle a au moins un
air distingué.

L'homme lui-même, — cet être si su-
périeur, qu'il discuta, un jour, en plein

concile, la galante question de savoir
si la femme avait une âme, — l'homme,
disons-nous, quand il n'est pas beau,
se dit qu'il a une tête de caractère.

Vous voyez bien que, — du fort
au faible, — il faut que nous trou-
vions une consolation à l'absence de
beauté.

TOUJOURS BELLES

Qu'est-ce que la beauté, Mesdames ?

Un ensemble d'organes, charmants à l'œil, s'harmonisant entre eux et formant un tout qui réjouit tous nos sens.

Mais quelle loi d'esthétique déterminera les règles exactes de la beauté ?

Quelles conditions exigera-t-on de la beauté pour qu'elle soit absolue ?

Au lieu de vouloir la soumettre à des lois

mathématiques, reconnaissons plutôt que la beauté, capricieuse comme la femme, échappe au despotisme de la formule, et qu'elle n'est la même ni partout, ni pour tous.

La beauté peut être encore définie :

L'harmonie parfaite du tout avec les parties ; et l'harmonie des parties entre elles ;

Une entente naturelle entre les proportions des membres, l'ampleur des formes, la grâce des mouvements ;

Une disposition générale dont les détails, — soumis à l'absolutisme de la convention comme dans la statuaire, ou indépendants de toute loi imposée, comme dans le domaine de la fantaisie, — plaisent à chacun de nos sens.

Ces définitions de la beauté pourraient être poussées à l'infini.

Nous croyons pouvoir les résumer ainsi :

La beauté qui sera toujours pour nous la plus parfaite est celle de la femme que nous aimons.

Il ne serait peut-être pas impossible d'inférer que la beauté est relative, suivant le climat des pays et le sentiment des individus ; et l'on invoquerait à l'appui de cette thèse, — discutable, il est vrai, — le souvenir de la Vénus hottentote et de l'horrible

femme de Genghis, qui passaient pour de célèbres beautés, et celui des peuples de la Ca-
frerie, qui aplatissaient le nez de leurs enfants,
tandis que les Perses allongeaient outre
mesure le nez de leurs jeunes princes pour le
faire ressembler à celui de Cyrus.

Nous savons bien qu'on répondrait : Ces
gens-là n'avaient par le sens du beau.

Mais ces gens-là en diraient peut-être autant de nous.

Pour les peuples de l'Orient, endormis au
sein de l'oisiveté, adonnés au sensualisme de
la chair, la beauté ne réside pas dans l'ensemble harmonieux et délicat des détails,
mais dans l'opulence exagérée des formes.

Les peuples de l'Occident, au contraire, exigent de la beauté un concours d'éléments divers plus appropriés à la délicatesse de leurs sens ; — ce qu'il leur faut, c'est la suavité de la forme unie au charme de l'expression, la régularité des traits, l'élégance de la taille, la pureté du galbe, la grâce dans tous les détails et la noblesse dans tout l'ensemble.

De quel côté est la vraie beauté ?

Ces peuples diffèrent de manière de voir ; mais ils croient tous avoir raison.

Il y a des genres de *beauté* qui ne plaisent pas.

Le genre *charmant*, au contraire, exerce sur tout le monde son empire.

Quand une femme parfaitement *belle,* au point de vue académique, fait son entrée dans un salon, tous les regards sont pour elle ; tous les hommages lui font cortége ; — on l'entoure.

D'où vient que peu à peu les rangs s'éclaircissent, et que ses admirateurs vont se grouper et se maintiennent autour de telle autre femme qui, modestement, s'est introduite sans bruit dans le même salon ?

C'est que la première n'est que *belle,* et que la seconde est *charmante.*

L'une attire un moment ; l'autre attire et captive.

La *charmante* est celle qui a le plus de droits à notre sympathie, car elle ne doit ses avantages guère qu'à elle-même, la nature ne l'ayant pas toujours douée de qualités physiques assez correctes pour lui assigner une place dans les genres de beauté reconnus.

Une femme *belle*, ou *jolie*, ou *gentille*, peut n'être pas *charmante* du tout.

Quelquefois même la femme *belle* est insignifiante, la *jolie*, sans distinction, et la *gentille* peut avoir l'air commun.

La *charmante*, au contraire, échappe à toutes ces imperfections; — si l'une d'elles, — une seule, — pouvait lui être reprochée, elle cesserait d'être *charmante*.

Qu'une femme *belle* soit heureuse des faveurs que la nature lui a départies, nous le comprenons.

Mais qu'elle s'en montre fière au point d'en tirer vanité, c'est un droit qu'elle ne saurait avoir, car elle n'a rien fait pour être mieux partagée qu'une autre, puisqu'elle ne doit ses avantages qu'au hasard de la nature.

La charmante, elle, supplée par sa grâce, son affabilité, son savoir-vivre, à ce que la nature ne lui a pas toujours donné.

Il y a encore, — le cas est assez rare, — des femmes *charmantes* qui sont tout à la fois *belles*, ou *jolies*, ou *gentilles* : — c'est le *nec-plus-ultrà*.

Et puis, toutes les femmes *charmantes* ont de l'esprit.

La femme *charmante* est, parmi les femmes, ce qu'est la rose parmi les fleurs des bois, le diamant parmi les perles, etc., etc.

On désigne par une expression propre, par une épithète spéciale, le signe auquel on reconnaît qu'une femme est *belle*, ou *jolie*, ou *gentille*.

Le mot pour exprimer la cause de l'empire

qu'exerce la femme *charmante* est encore à trouver ; on y supplée par une périphrase éloquente dans son indécision et son laconisme ; on dit : qu'elle a un je ne sais quoi.

C'est donc extraordinaire, puisqu'on ne sait comment l'exprimer.

On pourrait compter autant de genres de beauté qu'il y a de peuples différents, car nous entendons dire, chaque jour, suivant l'occasion : la belle Française, — la belle Allemande, — la belle Espagnole, — la belle Anglaise, — la belle Italienne.

On dit même la belle négresse !

Pourquoi pas ?

Il y a des négresses bon teint, aux gros yeux blancs, aux grosses lèvres bien rouges, qui ne changeraient pas l'ébène de leur noir épiderme contre la blafarde blancheur de quelques Européennes ; — c'est qu'elles sont très-jolies, dans leur pays, ces femmes noires.

En revanche, il n'existe pas une femme blanche qui voudrait changer de peau avec une négresse.

Mais la différence entre elles est-elle si grande, dirait un musicien plaisant, puisque deux noires valent une blanche ?

Est-ce que décidément la beauté serait une question de pays ?

En tout cas, on a toujours le droit de préférer un pays à un autre.

Que la femme soit brune, blonde ou

noire, elle pourra toujours être belle, —
belle d'une beauté relative, c'est-à-dire
suivant le climat sous lequel elle est née,
le sentiment de ceux qui l'entourent et la
passion qu'elle peut inspirer.

Cette beauté-là dépend de son adresse
à l'acquérir et de son habileté à la faire
valoir.

D'abord, si belle que soit naturellement
une femme, il faut, dans son intérêt, qu'elle
n'oublie jamais qu'il n'y a pas de beauté
réelle, et surtout de beauté solide et durable,
sans la santé.

Aucun spectacle, à notre avis, n'est plus
triste, plus digne de compassion, que celui

d'une jeune femme portant sur un beau visage
les signes d'un dépérissement anticipé.

Chaque âge a sa beauté qui lui est
propre, et qui ne saurait convenir à un
autre âge.

La tête d'une femme, si belle soit-elle,
placée sur les épaules d'une jeune fille, serait
un contre-sens de la nature, aussi bien
qu'une tête de jeune homme sur le cou d'un
vieillard.

La beauté de l'enfance est la fraîcheur,
comme son esprit est la gentillesse.

La beauté de l'adulte est déjà plus réflé-
chie ; elle parle aux sens.

La beauté du vieillard est la noblesse, qui n'exclut ni les grâces de l'esprit, ni les charmes d'une douce sérénité.

On n'a pas encore découvert le secret de faire la beauté.

Mais, à force d'habileté, on a trouvé quelques moyens d'en prolonger la durée et de réparer, par d'heureux artifices, certaines imperfections dans la régularité des lignes du visage ou dans la délicate transparence de la peau.

Il y a des femmes qui parviennent à se

faire plus belles en apparence qu'elles ne le sont en réalité.

.·.

De savants physionomistes, qui se sont adonnés à faire l'anatomie de la beauté, ont voulu la soumettre à des règles absolues.

Et ils ont écrit ce qui suit, ou a peu près : *Les cheveux*, chez la femme, doivent être fins, longs, abondants et soyeux ;

Le front doit avoir le tiers de longueur de tout l'ovale du visage, et être uni au nez par une ligne presque droite, sauf une très-légère inflexion au point où finit le front et où commence le nez. C'est à ce genre de disposition que les physionomistes donnent le nom de profil grec. Vers le

haut, la forme doit rappeler, dans sa lar-
geur, la courbe de l'ovale, ou l'angle
adouci du carré, Un front fuyant n'est pas
beau, un front bombé ne l'est pas davantage ;
c'est là qu'il faut un juste milieu bien cal-
culé ; cependant un peu de saillie par le bas,
comme pour donner plus d'aplomb à l'édi-
fice frontal, ne messied pas :

Le nez doit être droit, de la hauteur du
front ; ni trop pointu, ni trop large ; un peu
carré du bout, avec les narines mobiles
sous le souffle de la respiration;

Les *sourcils* seront garnis de poils appliqués horizontalement sur la peau, sinon très-
épais, au moins bien fournis, courbés en
forme d'arc dont la pointe, plus mince qu'à
la partie voisine du front où ils commencent,
s'en va mourant vers les tempes, comme
dessinée d'un coup de pinceau qu'un peintre
aurait tracé à main levée :

Les yeux, dont on a dit toutes sortes de
choses poétiques, seront grands, ouverts, et

d'une clarté transparente, avec des cils longs, soyeux, bien fournis et recourbés de bas en haut ;

Les oreilles seront petites, bien plaquées, ourlées d'un petit bourrelet blanc-sanguin, avec l'extrémité des lobes d'un rose foncé ;

La bouche, petite, souriante, sans salive :

Les lèvres, ni trop minces, ni trop charnues, dessinées en forme d'arc dont les extrémités tendent à se redresser ;

Les dents blanches, petites, régulièrement rangées, dans des gencives d'un rouge corail :

Les joues doivent être d'égale grosseur, ni trop creuses, ni trop pleines ;

Le menton ne sera ni saillant, ni pointu, ni trop fuyant ;

Le cou sera un cylindrique un peu long, pas charnu, flexible et bien détaché des épaules ;

Les épaules seront larges, peu bombées,

inclinées en une pente douce à partir du cou jusqu'aux bras ;

La poitrine large, bien développée, opulente sans exagération et proportionnée naturellement à la taille de la femme ;

La taille, étant le pivot du mouvement, doit être svelte pour donner à la femme une jolie tournure ;

Les bras doivent être ronds et charnus et aller s'amincissant graduellement depuis l'épaule jusqu'au poignet : une fossette au coude ne fait pas mal ;

La main un peu longue, potelée en dessus, avec une peau blanche sous laquelle on voit s'étendre quelques veines bleuâtres et des fossettes à l'endroit des articulations ;

Les doigts longs, un peu charnus à leur naissance, effilés à leurs extrémités, terminés par des ongles rosés, transparents. La beauté des mains est un signe de distinction ;

Le pied a le même privilége que la main ; il a, quand il est beau un grand cachet de distinction ; il faut, pour être beau, qu'il soit proportionné à la force du corps ; le talon élevé donne de l'élégance à la marche et facilite la locomotion.

. . . .

Il y a beaucoup d'autres détails. . . Ne soulevons pas le voile de modestie qui les dérobe à notre admiration.

Voilà sommairement ce que les formalistes exigent de la femme pour mériter l'épithète de *belle*.

Faut-il conclure de leurs prétentions que telle femme dont les organes ne seront pas mathématiquement conformes, dans tous leurs détails, aux signalements précités ne

pourra pas être considérée comme belle?
Oh ! non.

. .

Passons notre revue, et tirons nos conclusions :

Que les *cheveux* soient longs et abondants, souples et fins, qu'ils tombent en cascades molles et soyeuses, dessinant les ondulations du corps depuis la cime de la tête jusqu'à la chute des reins ; — ou que, relevés en torsades, ils s'enroulent sur le front en forme de diadème, — soit, c'est beau, c'est riche, c'est majestueux.

Mais j'en ai connu, des têtes charmantes,

qui portaient coquettement une forêt de cheveux de moyenne longueur, vigoureusement ondés, peut-être un peu rebelles à la brosse, mais pleins de mutinerie et de crâne indépendance.

Étaient-ils moins beaux ?

— Non.

Ils avaient un autre genre de beauté, beauté moins classique peut-être, mais plus originale, — et tout aussi charmante.

Quant à la couleur des cheveux, quelle est la plus belle ? — Il n'y en a point, ou plutôt il n'y en a plus.

La couleur des cheveux passe de mode comme la coupe d'une robe.

Qu'ils empruntent à l'aile du corbeau ses sombres miroitements, au soleil ses fauves reflets de bronze florentin, ils seront toujours beaux, si leur disposition de coiffure s'harmonise bien avec l'ensemble du visage.

Dans ces derniers temps, n'avons nous pas vu que les cheveux jaunes, autrefois très-peu enviés, — étaient devenus fort à la mode ?

Nous partageons l'opinion de Lavater, qui prétend que le *front*, pour être beau, doit être égal en hauteur à la longueur le nez et à la partie inférieure du visage. — Il faut aussi qu'il soit uni, et sans rides.

Cependant, il y a des fronts un peu bas, qui ne manquent pas de charme ; on devine que de grandes tempêtes peuvent gronder sous les fortes racines de ces cheveux envahisseurs. Si les fronts courts ont moins de majesté que les fronts élevés, ils ont plus d'expression.

. .

Personne ne contestera la beauté des *sourcils* quand leurs poils, suffisamment fournis et bien appliqués horizontalement sur la peau, ressemblent, suivant l'expression consacrée, à deux arcs tracés, soit à l'encre de Chine, soit au chlorure d'or, par un habile coup de pinceau, avec un espace vierge de tout duvet entre les deux.

Cependant, il y a des sourcils abondamment fournis qui, bravant la symétrie du coup de pinceau, dépassent la frontière du nez, se réunissent par un petit semis de poils, et se froncent sous l'empire de certaines contractions nerveuses ; ceux-là révèlent une force de volonté, une puissance d'énergie, qu'il n'est pas toujours déplaisant de rencontrer dans les résolutions du sexe faible.

.·.

Les yeux ont toujours passé pour être le miroir de l'âme ; c'est pour cela sans doute que les grands yeux, qu'ils soient noirs ou bleus, ombragés par de longs cils, ont été définis les plus beaux, comme si leur dimension permettait de mieux lire jusqu'au fond de l'âme, jusque dans l'abîme du cœur. C'est possible. Il y a une certaine majesté dans un œil bien ouvert.

Mais il y a aussi certains petits yeux, — noirs ou bleus, — pleins d'esprit et souvent de malice, qui, moins accessibles que les grands yeux aux investigations de la curiosité d'autrui, semblent plutôt prêts à interroger qu'à répondre.

En vérité, je vous le dis, ces petits yeux-là sont bien malins, bien spirituels et toujours éloquents.

Que *le nez* soit régulier, droit et carré du bout, comme les anciens l'aimaient ; que ses narines, mobiles sous le souffle énergique de la respiration, manifestent par leur battement une surabondance de vie, et une grande délicatesse de sentiment !... En un mot, que ce nez soit identiquement semblable à celui que l'histoire ou la tradition prête à la fameuse Aspasie, c'est-à-dire aquilin, nous dirons tant mieux pour celle qui le porte.

Mais il est des nez qui, pour être moins majestueux, n'en sont pas moins dignes de remarque et d'attention.

Il y a le nez busqué, que les naturalistes appellent tout simplement le nez de perroquet, et auquel les gens moins prosaïques ont donné le nom de bourbonnien. Ce nez impose : quand il est bien accompagné et fièrement porté, il commande un certain respect. Il nous semble, à travers nos souvenirs d'histoire, que ce nez-là doit toujours avoisiner un front fait pour le diadème : — à moins pourtant qu'il ne nous rappelle celui du fossoyeur d'Atala, ce nez mélancolique qui *aspirait à la tombe*.

Moins majestueux, sans doute, mais beaucoup plus agaçant est le nez attribué à Roxe-

lane ; ce petit nez retroussé qui semble toujours en quête d'aventure, sollicitant un
sourire par-ci, un coup d'œil par-là...

En vérité, en vérité, ce petit nez-là fait
tourner bien des têtes.

Il est vrai qu'une *bouche* petite ne manque
pas de charmes, surtout quand, dans son sourire ou dans sa parole, elle découvre quatre
ou cinq de ses dents supérieures par l'embrà-
sure de ses lèvres, ni grosses ni petites, mais
très-vermeilles.

Cependant, j'ai vu des bouches un peu
grandes découvrant franchement, dans un
éclat de rire, deux rangées de dents blanches.

Je ne sais laquelle de ces deux bouches
sollicite avec plus d'amour ou provoque avec
plus de passion les doux propos ; mais qu'elle
vienne d'une grande ou d'une petite bouche,
j'avoue que la confidence est aussi douce au
cœur que le baiser doit être caressant aux
lèvres.

.   .

Les lèvres doivent être d'un rouge ver-
millon, c'est entendu. Cette chaude couleur
accuse une richesse de santé indiscutable.
Mais ne sont-elles belles qu'à la condition
de n'être ni grosses ni petites ?

Trop grosses elles seraient difformes,
trop minces elles seraient déplaisantes, c'est
vrai.

Mais, sans pécher ni par l'un ni par l'autre de ces deux excès, elles peuvent être agréables à l'œil, alors même qu'elles n'ont pas rigoureusement les lignes que leur assignent les anatomistes de la beauté classique.

Une lèvre un peu lippue donne à la physionomie un petit air boudeur qui semble provoquer une consolation qu'on serait toujours heureux de donner; une lèvre mince indique ordinairement un caractère décidé, qui répond volontiers à un regard trop libre par une mine dédaigneuse ; — il n'est pas désagréable de percevoir, de temps en temps, un signe de rébellion sur la douce figure de la femme : — un peu de fierté, c'est la vie.

Des *gencives* toujours vermeilles et des

dents toujours blanches sont des conditions inamovibles de beauté.

.·.

Le *menton*, disent les fanatiques de la statuaire grecque, ne doit être ni court, ni long, ni pointu, ni carré, ni saillant, ni déprimé, mais ovale pour compléter l'ellipse du visage ; — d'accord, les lignes pures et régulières seront toujours belles.

Mais nous avons connu des mentons auxquels on aurait bien pu appliquer tout bas la qualification de… *galoche* et qui avaient un petit air mutin ;… généralement les femmes

qui ont ce menton-là ne sont pas bêtes...
les autres non plus.

Les *joues* n'ont pas des lignes parfaitement
accusées ; elles doivent être pleines et
doucement arrondies, légèrement teintées de
ce rose clair qui fait qu'on dit : Voilà une
belle mine, une bonne santé.

Eh bien ! il y a des joues un peu creuses et un peu pâles qui ont un pouvoir
sympathique ; une idée de poésie s'attache
toujours à la pâleur, et puis ça n'est pas

bourgeois ; on dit même que c'est distingué : le teint mat est comme il le faut.

.·.

Pour les *oreilles*, il n'y a pas deux genres de beauté ; il faut qu'elles soient petites, bordées d'un petit ourlet rose, avec pavillon blanc ; si petites qu'elles soient, elles seront toujours assez grandes pour entendre les jolies choses qu'on serait tenté de leur conter, et trop grandes pour recevoir la confidence de petites médisances qu'on voudrait leur confier.

.·.

Le *cou* n'a pas non plus deux manières

d'être beau : cylindrique, blanc, flexible,
un peu long pour que la tête s'y balance
avec grâce, et bien détaché des épaules ;
c'est peut être le seul organe auquel l'artifice
de la coquetterie ne puisse rien ajouter, et
qu'il ne peut même modifier.

La *taille* console souvent une femme des
agréments de visage que la nature ne lui a
pas donnés. Une paysanne pourra bien
avoir une jolie figure, mais elle n'aura que
par exception une jolie taille. — C'est une
belle taille qui donne une bonne tournure.—
A force d'étude, une femme intelligente
pourra modifier les imperfections naturelles
de sa taille, et si elle n'arrive pas à la dis-

tinction, elle échappera à la gaucherie d'une mauvaise tournure.

.·.

De ce qui précède, nous concluons que toutes les femmes, — sauf quelques exceptions, — peuvent être belles avec le genre de beauté que la nature leur a départi.

Le point capital pour elles est de savoir en tirer parti.

La femme parfaitement belle, au point de vue plastique, dont les organes sont franchement accusés, comme dans la statuaire; et celle dont la beauté moins classique emprunte ses charmes à la gracieuse fantaisie de la nature, ces femmes, disons-nous, n'ont besoin de recourir à aucun artifice pour faire

valoir, l'une sa beauté majestueuse, l'autre
sa gentillesse séduisante ; elles n'ont qu'à se
tenir bien, se tenir bien dans toute l'étendue
de l'expression.

Celle au contraire que la nature aura
moins favorisée pourra encore, par une entente habile dans l'application de certains
moyens cosmétiques, suppléer à ce qui manque à sa beauté, et même corriger quelques-
unes de ses imperfections.

Il n'est pas défendu de vouloir être belle,

au contraire. Il est même dans la nature de la femme de vouloir l'être, comme il entre dans sa politique de vouloir le paraître.

On pourra remarquer que les femmes qui, n'étant pas belles, affectent de faire peu de cas de la beauté, — sont en général grincheuses, jalouses et douées d'un mauvais caractère.

Il en est cependant, parmi ces déshéritées de la beauté, qui, reconnaissant leurs imperfections, se disent : Si je ne suis pas belle, je saurai me rendre aimable.

Celles-là prouvent qu'elles ont du tact,

souvent de l'esprit, et presque toujours du cœur.

**

Nous avons dit au seuil de ce petit livre que le besoin de beauté était si naturel, si impérieux chez nous, que tous, autant que nous sommes, nous cherchons à nous consoler de son absence.

**

C'est pour réparer, autant qu'il était possible de le faire, les injustices de la nature

envers certaines femmes, dans la répartition
de la beauté, que d'habiles préparateurs ont
composé des cosmétiques fameux, destinés à
entretenir la beauté solide , à préserver la
beauté délicate, et même à créer une beauté
de convention en dissimulant les défauts na-
turels.

Où est le mal ?

Mais des esprits chagrins, — il y en a
partout et pour tout, — se sont empressés
de faire le procès à ces innocents artifices :
Beauté d'emprunt ! disent-ils; ce qui ne les
empêche pas de s'y laisser prendre comme
les autres.

Leur anathème d'ailleurs n'a pas même
le mérite de tomber sur un sujet nouveau,
puisque la fille de Jézabel, — Athalie, une
ancienne belle femme de son époque avait

....Soin de peindre et d'orner son visage
Pour réparer des ans l'irréparable outrage.

C'est donc comme si cet usage était consacré par le temps. Laissons ces trop sévères critiques ; nous parierions volontiers que ceux qui disputent aux femmes la fantaisie de vouloir se faire belles ne sont pas beaux eux-mêmes et qu'ils ne savent comment s'y prendre pour le devenir.

Voyons donc si l'homme ne peut pas, à force d'habileté, modifier les caprices de la nature : car ce ne peut être que par caprice que la nature n'a pas fait toutes les femmes belles ; ne faut-il pas qu'elles soient ainsi, puisqu'elles composent la plus belle moitié du genre humain ?

Or, si cette plus belle moitié du genre

humain n'est pas belle, que seront donc les hommes, qui forment l'autre moitié ?

Vous voyez bien, ô sévères critiques de l'embellissement du visage, qu'il faut que les femmes soient très-belles, pour que les hommes ne soient pas trop laids.

Nous savons bien qu'il y en a qui diront que cette prétention est un paradoxe.

On ne peut pas contenter tout le monde.

.˙.

Dans ces derniers temps, on a flétri d'un vilain mot le mode de décoration du visage employé par les femmes qui veulent se faire une beauté factice : *le maquillage !*

Ne ramassons pas le mot ; voyons la chose,

car c'est moins la chose que la maladresse,
— pardon, Mesdames, — de celles qui l'emploient qu'on a voulu flétrir et tourner en ri-
dicule.

Raisonnons la chose.

Une femme, d'une beauté ordinaire,
nous apparaît aujourd'hui dans tout l'éclat
d'une beauté remarquable, — parce qu'elle
a su compléter habilement, à force de
cosmétiques, ce que la nature ne lui a pas
donné.

Devra-t-on lui reprocher la petite supercherie qui, sans faire tort à qui que ce soit,
tourne à son avantage et... au nôtre, puis-

qu'elle est pour nous un sujet d'admiration ?

Elle a voulu être belle ; — elle y a réussi ; — il n'y a que celles qui, avec les mêmes moyens, n'en pouvant pas faire autant, — oseraient le lui reprocher.

Dira-t-on aussi qu'elle a tort de découvrir son front, ou de ramener ses cheveux sur ses tempes, ou de les crêper en coup de vent, si l'une de ces trois coiffures convient mieux qu'aucune autre à sa physionomie ?

— Ah ! mais, dans ce dernier cas, la femme n'emploie que les dons de la nature, tandisque, dans le premier cas, elle a recours à des moyens artificiels.

— Sans doute, sans doute. — Cependant, suivant toujours le même ordre d'idées, reprochera-t-on à une femme de préférer une robe de soie à une jupe d'indienne, un cachemire à un tartan ?

Evidemment non.

Si belle que soit naturellement une femme, elle ne résistera pas au désir d'augmenter sa beauté.

Est-il étonnant alors qu'une femme qui ne sera qu'à moitié belle veuille ajouter au peu de beauté qu'elle a pour dissimuler ce qui lui manque !

Voilà pourquoi on a inventé les cosmétiques dont nous avons parlé.

Si certaines femmes s'en servent mal, tant pis pour elles ; mais ce n'est pas une raison pourfaire le procès à celles qui, plus habiles, en tirent un bon parti.

Les unes se maquillent, — elle sont tort.

Les autres se décorent, — elles ont raison.

Rousseau le misanthrope, — plus connu

3.

sous le nom de Jean-Jacques, —a écrit quelque part : «Tout est bien en sortant des mains de la nature, tout dégénère dans celles des hommes. »

Sauf le respect que nous devons aux assertions d'un aussi grand génie, ne pouvons-nous pas lui reprocher d'avoir commis ici une énorme injustice ?

On n'a qu'à voir ce que les fruits sauvages sont devenus entre les mains de l'homme.

Personne n'aura la pensée sans doute de regretter la prunelle sauvage dont l'homme a fait ce beau fruit nacré, charnu et si rempli d'un suc délicieux : *la prune de Monsieur*;

Ni le petit citron acide qui, toujours par les soins de l'homme, est devenu : *l'orange rafraîchissante*;

Ni l'amande ordinaire qui s'est métamorphosée en un fruit dont le goût exquis égale seul la beauté de forme et la richesse de couleurs, forme si charmante qu'on l'a comparée à celle du sein de Vénus, couleur si douce en son éclat qu'on l'a comparée au velours : ... *la pêche*, enfin.

Certes, voilà de beaux et bons fruits. La nature les avait créés sauvages ; l'homme les a faits ce qu'ils sont aujourd'hui.

Le même Jean-Jacques ne dit-il pas encore quelque part : « qu'il a plus d'une « fois éprouvé un bien-être universel, une « sorte de satisfaction physique et morale, « en respirant l'air de la campagne chargé « des émanations des fleurs ? »

Qui donc les a rendues belles et odorantes ces fleurs autrefois sauvages et sans parfum ?

C'est encore l'homme, par les soins qu'il leur a donnés.

L'homme peut donc venir en aide à la nature ; s'il n'a pas le don de créer, il a conquis la faculté de perfectionner.

.·.

Eh bien ! ce que l'homme a fait pour les plantes, les arbres et les fleurs, il a pu tenter de le faire aussi pour la beauté ; et il l'a fait.

.·.

Voyons donc par quels soins intelligents

la femme pourra entrenir la beauté de son visage ; quels moyens inoffensifs elle devra employer pour suppléer avec succès à la beauté qu'elle n'a pas et faire revivre celle qu'elle a perdue.

.·.

La tête est à la femme ce que le frontispice est au monument ; c'est le point de mire sur lequel d'abord le regard s'arrête et se repose ; — et, ce qui frappe avant tout, dans l'ensemble de la physionomie, — c'est le teint.

.·.

Le *teint* est le vernis de la peau. Il n'est

réellement beau que quand il est délicat et qu'il s'anime sous l'empire des émotions de l'âme ; mais cette délicatesse peut devenir un inconvénient, car elle l'expose aussi aux mordantes attaques de l'air froid et aux flétrissures de l'excessive chaleur.

Pour garantir de toute atteinte la délicate transparence du teint, plusieurs moyens sont employés qui peuvent se résumer en un mot : l'*hygiène*, qui recommande :

1° Une alimentation douce, réglée et suffisante. — Nous disons *suffisante*, car il est des femmes qui se privent de manger à leur appétit de peur de prendre de l'embonpoint et de donner trop de couleur à leur teint. Elles ne réussissent qu'à faire souffrir leur estomac sans profit pour leur beauté. — Le teint pâle ou mat n'est distingué qu'autant qu'il est naturel ;

2° La liberté des mouvements dans le costume ; un corset trop serré, par exemple, arrêtant la circulation du sang, occasionne des crampes d'estomac, et donne à certains visages la teinte empourprée de l'étouffement ou la pâleur de la phthisie ;

3° Les ablutions à l'eau dégourdie, c'est-à-dire ni froide ni chaude.

Remarques. Les veilles prolongées flétrissent le teint. Une femme qui a passé la nuit au bal n'a qu'à consulter son miroir le matin.

Le grand air de la mer donne bonne mine, mais il attaque la finesse du tissu de la peau.

Certaines femmes emploient, tous les matins, un moyen qui passe pour entretenir le teint frais ; tous les matins, c'est beaucoup : — trop est trop.

L'excès de repos est aussi nuisible au teint que l'excès d'exercice.

Trop de temps passé au lit ne vaut guère mieux que trop de temps passé au bal.

Une très-mauvaise chose, c'est de s'exposer aux rayonnements d'un feu trop ardent, devant une cheminée, aussi bien que ne point se garantir du vent de bise, qui donne souvent au visage toutes les couleurs de l'arc-en-ciel, et du grand soleil qui provoque des efflorescences.

On préserve assez bien le visage par l'emploi de la poudre d'amidon ou de la veloutine, que l'on applique à sec sur la peau au moyen d'une patte de lièvre.

On a préconisé aussi beaucoup de cosmétiques : cold-cream, pommades et autres corps gras.

Le choix est délicat.

La pommade de concombres est bonne à employer, au bord de la mer, ou quand on ou doit s'exposer au soleil ou au grand froid.

⁘

Qu'elles étaient habiles dans l'art de se conserver belles ces femmes de la Grèce et de Rome, dont l'histoire, malgré sa sévérité, nous a transmis les noms !

Et comme cette précaution de disputer au temps les priviléges de la jeunesse et de la beauté révélait chez elles l'instinct de la coquetterie intelligente !

C'est qu'elles avaient bien compris que la femme n'est souveraine qu'autant qu'elle sait plaire. Aussi avaient-elles recours à beaucoup de précautions pour protéger leur beauté et à beaucoup d'ingénieux artifices pour entretenir la fraîcheur de leur teint ; car la beauté du teint est une des principales conditions de la beauté du visage.

..

Qu'est devenue la recette des ingrédients savamment combinés dont elles composaient les pâtes et les poudres consacrées à leur toilette ?

Il faut croire qu'elle a été longtemps perdue, car les mélanges préparés depuis, sous différents noms, n'ont eu souvent pour résultat que d'altérer les tissus délicats de la peau, sans donner au visage ce ton velouté qui dissimule avec discrétion les plis dont l'âge ou les chagrins creusent sur la peau la triste empreinte (1).

∴

La peau est un tissu tégumentaire, composé de plusieurs organes distincts qui établissent par une multitude de petits vaisseaux des relations intimes et continuelles avec le reste de l'économie.

Douée d'une sensibilité exquise, elle craint le contact des matières subtiles corrosives que sa nature absorbante ferait pénétrer dans les

(1) Nous ne connaissons aujourd'hui qu'une seule préparation, *la veloutine* de M. Fay, parfumeur de la rue de la Paix, 9, qui puisse être comparée aux topiques mis en usage par les célèbres beautés d'autrefois. — En effet, *la veloutine* dérobe à l'œil le plus exercé les rides du visage, et lui donne ce ton velouté, apanage de la jeunesse. -

chairs et qui pourraient occasionner de graves désordres.

Il faut donc rechercher, pour la toilette des mains, les savons de première qualité, dans la fabrication desquels nous n'avons pas à craindre l'introduction frauduleuse de matières étrangères aux sels qui doivent les composer.

.·.

A propos de savon.

Un jour, en visitant, au Louvre, le musée des Souverains, je fus un peu désappointé de

---

L'innocuité de cette préparation est garantie par le bismuth qui en est la base, et dont l'emploi, dans la médecine est d'une vertu incontestable dans certaines affections de l'estomac.

Quelle femme, — *la reboutine* aidant, — pourra résister au désir d'être toujours belle et de paraître toujours jeune?

ne pas découvrir dans la vitrine où sont exposés les objets ayant appartenu à Napoléon Ier un de ses nécessaires de toilette : j'aurais été curieux de voir, dans sa petite boite d'argent, un morceau de ce fameux savon de Windzor qu'employait, à l'exclusion de tout autre savon, l'auteur du blocus continental. — C'est qu'à cette époque, le savon de Windzor passait pour le plus fin que l'on connût. Ce n'était pas que l'emploi de ce savon donnât à la main impériale, que l'on disait parfaitement belle, des lignes plus délicates ; mais c'est parce qu'en la blanchissant, sans en altérer le tissu, il donnait à la peau un ton doux et velouté.

.·.

Pour que celui qui pouvait se passer le

luxe de toutes les coquetteries employât ce savon de préférence à tout autre, il fallait bien qu'il eût reconnu que le savon fin est le seul dont on doive faire usage dans les soins si minutieux de la toilette.

Faut-il conclure que nous ne devons employer que le savon de Windzor ? — Non pas. — Grâce aux progrès de notre industrie, le savon anglais est distancé.

Nous avons maintenant notre savon de Paris. Pour affirmer le degré de perfection que nous avons atteint aujourd'hui, nous ne croyons pas nécessaire de remonter à l'origine de cette belle et utile fabrication. — Ce qu'il nous importe de rechercher, c'est la maison à laquelle nous devons donner la préférence.

Il paraîtra difficile peut-être de déterminer un choix parmi les fameux préparateurs que nous connaissons. Cependant, comme en tout il y a des degrés, on admettra bien qu'il y a

un premier parmi les plus habiles. —Ce sont
les produits de celui-là qu'il faut choisir (1).

.·.

La chevelure est un des plus beaux orne-

---

(1) Parmi les maisons les plus recommandables, nous
citerons celle de Violet, parfumeur de S. M. l'Impératrice,
qui s'est fait, dans son industrie, une réputation que
plusieurs médailles d'honneur ont confirmée. Si nous
consultons les rapports des expositions nationales et uni-
verselles depuis vingt ans, nous verrons figurer son nom
en première ligne parmi les fabricants de produits hygiéniques. C'est qu'il a été reconnu que les mélanges qu'il
emploie comme base de ses savons sont purs de tous corps
étrangers à une bonne et saine fabrication et que ses produits, mis en contact avec la peau la plus délicate, ne peuvent en altérer le tissu. — C'est là le degré de perfection,
de supériorité, que l'on doit rechercher dans le savon et que
nous trouvons dans le savon royal de Thridace

ments de la femme, et c'est celui qu'elle ménage le moins et qu'elle martyrise le plus.

La première chose que devra faire, en descendant de son lit, une femme coquette ou simplement soigneuse de sa chevelure, sera de dénouer ses cheveux et de les laisser, à l'abandon, flotter sur ses épaules aussi longtemps que ses loisirs le lui permettront.

Chacun de ses mouvements imprimera à ses cheveux une certaine aération qui en rafraîchira la racine.

Puis, quand sera venue l'heure de procéder

à la toilette de la tête, la femme emploiera d'abord la brosse qui, redressant chaque mèche de cheveux égarée, les préparera au passage du gros démêloir dont les dents arrondies et non anguleuses ramèneront dans leur sens naturel les cheveux du dessous que la brosse n'a pu atteindre; le peigne fin ne doit être employé qu'en dernier lieu, quand tous les cheveux sont bien en place et parfaitement démêlés, de peur que dans son parcours du sommet de la tête jusqu'à l'extrémité des pointes, il ne rencontre quelques nœuds qui feraient obstacle à son libre passage et occasionneraient des brisures de cheveux.

Le peigne fin doit être employé avec adresse et ménagement; il aide beaucoup au nettoiement des cheveux sans doute, surtout des cheveux imprégnés de pommade et de gros gras; mais aussi, par une application trop brusque et trop fréquente, il peut provoquer un peu d'irritation sur le cuir chevelu. — Pour la propreté de la tête, l'emploi de la brosse, si souvent répété qu'on voudra, est toujours sans danger.

Après les soins d'hygiène donnés à la tête et aux cheveux, vient le travail difficile de la coiffure ; la coquetterie, beaucoup plus que le raisonnement, préside à cette opération.

Peu de femmes veulent comprendre qu'il n'est pas nécessaire, pour se bien coiffer, de tordre ses cheveux en forme de corde à puits sous prétexte de maintenir les mèches rebelles, ou même de les contourner en nattes trop serrées. Ces pratiques ont pour inconvénient de tirailler la peau, de fatiguer la racine des cheveux, qu'on déplante, pour ainsi dire, et souvent de dégarnir la tête dans le sens des raies ou séparations.

Aussi, les femmes précautionneuses ont soin de ne pas s'arracher les cheveux, — pour les tenir bien lisses, — et de temps en temps elles déplacent leur raie.

Elles feraient mieux de n'en pas faire du tout.

La coiffure à la chinoise est très-favorable au bon entretien de la chevelure.

Mais c'est une coiffure difficile à porter, parce qu'elle ne va pas à tous les visages ; — aussi, elle ne sera jamais de mode que pour les petites pensionnaires.

La meilleure coiffure sera celle qui, —

sans s'affranchir absolument de la tyrannie de la mode et des exigences de la chapellerie actuelle, — laissera aux cheveux assez d'aération pour qu'ils ne s'échauffent pas, assez de liberté pour qu'ils tremblent à chaque secousse des mouvements de la tête.

.˙.

Une belle chevelure est une bien belle chose ; mais il en est une autre, non moins belle, qu'elle semble toujours vouloir dérober aux regards ; c'est le *cou* à l'endroit de la nuque.

Elles sont quelquefois étonnantes dans leurs caprices les femmes qui savent pourtant si bien tirer parti des beautés que la nature leur a données, quand elles le veulent ; nous voudrions les voir, dans le cas présent, non pas montrer avec affectation, mais au moins ne pas cacher leur cou, qui ressort si beau , là, sur la lisière de leur forêt de cheveux...

En les tressant un peu mollement, ces cheveux, de manière à ne pas fatiguer leur racine et à dégager le cou, elles se composeraient une coiffure charmante, quelque peu provoquante, et préférable sous tous les rapports aux paquets de postiches dont l'exagération trahit la supercherie.

Peut-on cacher une beauté naturelle pour étaler un chignon parasite?

Une chose funeste aux cheveux, c'est la frisure au fer chaud.

Le cheveu est un tube rempli d'huile ; la chaleur du fer le dessèche, altère sa couleur, le rend cassant et, souvent, pénétrant la peau, attaque le poil jusque dans sa racine.

Il est évident alors que le cheveu ne repoussera plus.

Pour donner du lustre et de la souplesse aux, cheveux on a recours à une grande variété de cosmétiques dont on ne connaît pas la composition ; l'emploi souvent exagéré qu'on en fait n'est pas toujours sans danger.

La meilleure préparation, parce qu'elle est

la plus simple, est celle de moelle de bœuf mélangée d'huile d'amandes amères.

.·.

La beauté du *front* ne dépend pas seulement de sa forme, de la finesse de la peau qui le recouvre et de la pureté de son teint.

Une condition essentielle pour qu'il soit beau et surtout pour qu'il paraisse jeune, c'est l'absence de rides. Trop souvent les femmes, pour imprimer, plus d'expression à leurs paroles, froncent les sourcils : cette contraction d'un moment peut devenir une habitude qui laisse des traces profondes, ineffaçables et qui donnent le triste spectacle d'un jeune visage devenu vieux prématurément.

Pour prévenir cette altération de la beauté

du front, les femmes devront s'observer dans leur langage et dans leurs mouvements.

La trop grande animation qu'on apporte dans le geste et la parole peut, comme l'usage des travaux manuels, contracter les nerfs et leur imprimer une force d'habitude qu'on ne songe plus à modérer.

Il n'est pas rare de voir une femme seule, quand elle donne audience à ses pensées, trahir par les contractions de son front les petits orages qui troublent la placidité de son cœur. — C'est fâcheux, car ces petits orages-là, quand ils sont répétés, creusent des sillons que le calme ne comble pas.

Après les grandes tempêtes, le flot tombe et s'efface sur la mer endormie ; — la femme garde sur son front l'empreinte indélébile du tumulte de ses pensées.

— Faudra-t-il donc se condamner à un calme plat de pensée et d'action ?

— Nous y perdrions trop, nous, le sexe

fort! mais nous pouvons bien, sans faire acte
de tyrannie, conseiller aux femmes de s'observer un peu, car elles n'ont pas le droit
de s'enlaidir ; leur beauté est un soleil qui
luit pour tous.

Donc un peu de calme sans inertie, de l'animation sans turbulence, de la dignité sans pé-
danterie, et pas de rides au front.

Les *sourcils* exigent autant de soin de propreté que les cheveux.

La plus simple, et par conséquent la meilleure manière de les soigner, est de les brosser
tous les matins, avec une petite brosse sèche
pour enlever les pellicules farineuses qui s'y

produisent quelquefois ; puis de les lisser avec de l'eau mélangée de quelques gouttes de très-bonne eau de Cologne, ou avec un peu d'huile d'amandes douces.

Il est bien entendu qu'il faut les brosser dans le sens de leur plantation.

Pour remédier à la jonction des deux sourcils, considérée — nous ne savons pourquoi, — comme un signe de jalousie, quelques personnes se rasent l'entre-sourcils ; nous croyons que c'est une mauvaise pratique dont le résultat est négatif, puisque les poils repoussent plus drus.

Et puis, quand il serait vrai que la jonction des sourcils est une preuve de jalousie, nous ne voyons pas pourquoi les femmes se défendraient de ce signe révélateur. Un peu de jalousie au service du cœur, — jalousie que nous ne confondons pas avec l'envie, — est un sentiment naturel, puisqu'il est l'affirmation d'un droit de possession.

Quel est donc le mari qui en voudrait à sa

femme de la jalousie qu'elle aurait de lui et pour lui ?

Les yeux sont l'organe dont la privation nous fait le plus défaut dans toutes les circonstances de la vie, et c'est un de ceux dont les soins hygiéniques sont les plus négligés ; — c'est aussi celui qui donne à la beauté du visage sa plus grande expression.

L'œil n'est beau qu'à la condition d'être sain, et il ne peut rester sain qu'autant qu'on prend toutes les précautions hygiéniques pour conserver à l'organe son intégrité.

Le premier soin, — on pourrait dire l'unique soin, — à prendre pour conserver la vue, est de ne la fatiguer par aucune espèce d'excès.

Il en est un surtout dont l'influence est fatale plus qu'aucun autre : c'est celui qui a donné lieu, sans doute, à la fiction de l'amour aveugle.

Indépendamment des excès de fatigues, résultant de veilles prolongées, il faut éviter les trop brusques transitions de l'obscurité complète à une lumière éclatante.

Il est encore dangereux de lire au clair de la lune et de vouloir fixer le soleil.

Quand on se sent une démangeaison dans les yeux, il ne faut pas les frotter.

Quand, après un lourd sommeil, les pau-
pières sont humides de sérosités ou même
collées, il faut prendre garde de les irriter
en les essuyant.

Dans ces deux cas, il faut les laver à l'eau
dégourdie.

Il est des circonstances où des lotions plus
toniques peuvent être nécessaires ; nous
croyons qu'il ne faut en faire usage que d'après
l'ordonnance du médecin.

La vue est une chose trop précieuse pour
que l'on néglige aucune des précautions qui
doivent la préserver de toute atteinte ; et
trop indispensable à la beauté pour qu'on
ne prenne pas toutes les mesures de pru-
dence qui peuvent en maintenir l'éclat.

Les *cils* sont le complément indispensable

de la beauté des yeux. Longs et bien fournis, ils donnent à la paupière une grâce indéfinissable et quelquefois au regard une acuïté pénétrante. Un coup d'œil échappé de ces deux prunelles noires ou bleues qu'ombragent de longs cils, fouille jusqu'au fond du cœur. C'est une flèche qui manque rarement son but.

Aussi, les femmes doivent-elles prendre un très-grand soin de cette partie du système pileux, la plus difficile à conserver dans son état de jeunesse primitive.

L'absence ou seulement la pauvreté des cils peuvent rendre laids les plus beaux yeux.

La maladie qui peut attaquer les *cils* est une sécrétion grasse qui, en séchant, casse le poil et le fait tomber.

Il faut prendre de grandes précautions pour débarrasser les cils de cette matière : comme les lotions à l'eau dégourdie ne sont pas toujours suffisamment efficaces, il est prudent de consulter un médecin spécialiste sur les moyens à employer.

C'est plus que jamais le cas de dire : Méfiez-vous des charlatans. — Les cils partis, que resterait-il à la femme de la beauté de son visage? — Ses yeux pour pleurer.

Les anciens appelaient le *nez* l'ornement du visage ; oui, à la condition qu'il ne sera affecté d'aucune des petites infirmités qui le frappent.

Ces infirmités sont souvent des accidents de la nature, et quelquefois aussi le résultat de mauvaises habitudes, celle, par exemple, d'y porter la main pour en extraire certains petits points noirs qu'on appelle *tannes*. Ces pratiques ont l'inconvénient de grossir le nez et de produire ces rougeurs qui ont toute l'apparence d'une engelure perpétuelle.

Quand le nez est atteint d'une affection quelconque, mieux vaut avoir recours au médecin que d'accepter de confiance les recettes des empiriques qui ont des remèdes pour toutes les infirmités, remèdes infaillibles, disent-ils, et dont l'emploi fait toujours du bien... à ceux qui les vendent.

A propos de nez, les femmes chez lesquelles le système pileux est vigoureusement développé devront bien se garder d'arracher les petits poils qui débordent leurs narines ; si la végétation de ces petits poils les gêne ou les contrarie, elles devront, pour s'en débarrasser, employer les ciseaux .et jamais la pince à épiler.

Un poil arraché provoque une déman-

geaison qui peut avoir des suites dange-
reuses.

. .
. .

Les *dents* blanches sont l'ornement de la
bouche. Presque toutes les femmes, pour les
entretenir dans un état de blancheur qui se
détache sur le rouge des gencives, ont recours à des préparations dentifrices ; les plus
prudentes n'emploient que de la poudre de
charbon : c'est la plus inoffensive ; mais elle
présente encore un inconvénient, c'est d'altérer quelquefois les gencives.

L'eau dégourdie est préférable à toutes les
préparations spécialement recommandées.

Les acides sont tous pernicieux.

Il est aussi mauvais pour la bonne conser-
vation des dents, de manger trop chaud que
de boire trop froid.

Autant casser des noyaux de pêches avec
les dents, dont l'émail est très-sensible aux
brusques alternatives de la température des
objets d'alimentation et au contact des corps
durs.

Un observateur, dont le nom nous échappe,
a dit qu'une femme qui a de belles dents
ne saurait être laide.

Que cette hyperbole soit trop exagérée,
c'est possible, mais elle prouve au moins
qu'une belle garniture de dents est un des
accessoires indispensables de la beauté.

Une dent dont l'émail est entamé se gâte :
puis vient la carie qui, tôt ou tard, provoque
une fluxion.

Et il est à remarquer qu'une fluxion se dé-

clare toujours la veille d'une invitation au
bal.

La bouche, — quelle soit grande ou petite,
peut être belle, suivant ce que nous avons dit
page 29, si les lèvres sont vermeilles, in-
dice d'un beau sang et d'une belle santé, et
si les dents sont blanches et bien rangées
dans des gencives rouges.

Les soins que réclame la bouche sont bien
simples, mais très-importants.

La propreté est la condition indispensable. Toutes les poudres, tous les liquides
préconisés pour ces soins ne valent pas l'eau
dégourdie.

Le matin en se levant, et dans la journée, après chaque repas, un simple gargarisme, toujours à l'eau dégourdie, suffit pour entretenir la propreté de la bouche.

Les dents réclament l'emploi d'une brosse douce, qu'on passera dessus de haut en bas et non de droite à gauche et de gauche à droite.

Les *gencives*, qui sont couvertes d'une peau extrêmement délicate, ne devront jamais être mordillées par les dents, ni tourmentées par les doigts.

On peut se rendre compte de l'excessive sensibilité des lèvres par la pâleur qui les envahit quand on a mangé de la salade un peu trop vinaigrée.

Les lèvres gercées. — qui ne reprennent jamais leur fraîcheur, — ne doivent l'altération de leur tissu qu'aux mauvaises habitudes que nous venons de signaler.

L'habitude est une seconde nature. dit-on pour s'excuser, mais comment ne pas

prendre sur soi de rompre avec cette nature,
quand la beauté peut en souffrir ?

Des lèvres gercées ne savent plus sourire.

* *

Les joues sont exposées à toutes sortes de
désagréments ; celui qui se renouvelle le plus
souvent et de la façon la plus banale, c'est
le baiser... En abuse-t-on ! et à quel propos !

Deux femmes se sont vues trois fois au
plus ; à la quatrième visite, elles se précipi-
tent l'une vers l'autre... Baiser par-ci, baiser
par-là.

Le baiser est bien familier ; — aussi, nous
ne nous expliquons pas, sans réserve, la

liberté que prennent certains hommes d'embrasser les femmes qu'ils connaissent à peine.

..

Si c'est pour prouver à la femme qu'il a du plaisir à la voir que l'homme lui plante ses lèvres sur les joues, il se trompe de moyen ; s'il croit, au contraire, lui faire grand plaisir en l'embrassant, il se trompe encore bien davantage, le fat ; car ce n'est pas par dévouement pour elle, mais par égoïsme pour lui qu'il l'embrasse. Si l'homme, pour témoigner à la femme sa sympathie, son admiration, son respect, se contentait de lui baiser la main... la femme lui en saurait-elle moins bon gré? — Au contraire ; et si alors, dans l'expansion de son cœur, elle s'écriait : Embrassez-moi, oh! alors, ce serait le triomphe, la conquête… tandis que le baiser qu'il semble solliciter d'autorité en allongeant le cou est une sorte de contribution forcée…

La femme n'ose pas refuser par politesse ce qu'on paraît disposé à réclamer comme redevance obligée.

Eh bien ! c'est l'abus des baisers qui flétrit les joues.

Nous ne voulons pas énumérer ici les inconvénients qui peuvent résulter du contact des lèvres sur une peau délicate, nous ferons remarquer seulement que la joue change de couleur sous la pression d'un baiser : elle est donc sensible.

Et puis, indépendamment des convenances, il y a la question d'hygiène ..

Une femme ne doit ni pour sa dignité, ni pour sa santé, se laisser banalement embrasser.

Les soins de propreté que réclament les joues consistent en lotions d'eau, légèrement parfumée passée sur la figure au moyen d'une éponge. Nous croyons cette pratique préférable au lavage à grande eau qui nécessite des frottements de mains ou de serviettes dont peut souffrir la délicatesse de la peau.

Si coquette et si avide de témoignages d'adulation que soit une femme, nous ne pensons pas qu'elle consentirait à compromettre la délicatesse de ses joues pour un baiser.

.·.

La beauté de la *main* est un signe de distinction native et de nature privilégiée. Une femme commune peut avoir de beaux yeux, un beau nez, une belle bouche, un beau visage enfin, il est rare qu'elle ait une belle main ; si, par exception, sa main est belle de proportion, elle se déforme par le défaut de soins.

Ces soins ne sont pas vulgaires. Il ne suffit pas de préserver la peau des atteintes du froid, de la chaleur du foyer ou de l'action du soleil ; il faut surtout la préserver de la morsure des acides contenus dans les savons de toilette.

Nous recommandons ce que nous avons dit à ce sujet page 59, sur les savons à employer. Nous ajouterons que l'habitude de se servir, pour la propreté des mains, d'eau froide ou chaude, donne de la rudesse à la peau et engendre des crevasses. L'eau qu'il faut préférer est l'eau dégourdie, à la température de l'appartement chauffé à 15 ou 18 degrés.

Il n'y a pas de belles mains sans de

beaux *ongles ;* malheureusement les soins qu'on leur donne ne suffisent pas pour les rendre beaux s'ils sont courts, plats, épais et sans transparence ; on ne peut que les entretenir propres.

Les ongles ne doivent pas dépasser de beaucoup le niveau des doigts.

Ce serait ici le cas de rappeler ce que nous avons dit page 5. La beauté ne serait-elle pas une question de lieu ? Les Chinois entretiennent leurs ongles excessivement longs ; ils croient sincèrement que leur longueur est un signe de beauté.

Nous pensons le contraire. — Il y a si loin de Paris à Pékin !

En résumé, s'il n'est pas possible de faire qu'une main mal conformée devienne belle, il n'est pas impossible au

moins d'en corriger un peu les imperfections.

Le *pied* jouit des mêmes priviléges de la
nature que la main. Impossible de le faire
petit s'il est naturellement grand. L'habileté
du chausseur ne pourra pas même en dissimuler les dimensions. C'est plutôt l'affaire
de la couturière qui saura en cacher une
partie sous les plis d'une jupe artistement
taillée.

Toutes les femmes affirment que leur pied
nage dans leur chaussure. — Nous voulons
bien le croire.

Cependant, à celles qui ont un petit pied

nous dirons : Vous avez tort de prendre des chaussures trop larges ; aux autres nous dirons : Vous avez tort de prendre des chaussures trop étroites.

Ces deux excès occasionnent les cors aux pieds.

Nous ne ferons à personne l'injure d'indiquer les soins de propreté qu'exigent les pieds.

Nous nous permettrons seulement de dire qu'il n'y a aucun inconvénient à les baigner très-fréquemment dans de l'eau pure, ou dans de l'eau de savon tiédie.

Les personnes qui sont sujettes aux moiteurs ajouteront soit du rhum, soit de l'eau de lavande.

Les excroissances qui se manifestent aux pieds réclament les soins d'un pédicure habile et consciencieux... Il y en a.

Les femmes seraient bien coupables de négliger les soins qu'exige le bon entretien

sable que la femme inventa la toilette d'ornement.

En avait-elle besoin ?

Nous ne le croyons pas ; mais puisqu'elle
l'a voulu, c'est qu'elle avait ses raisons pour
cela.

Parlons donc un peu, non pas des mille
détails qui composent la toilette, mais de
ceux dont le choix savant révèle la femme
de distinction.

On croit parler avantageusement d'une
femme quand on dit : « La toilette lui va
bien. »

Cette observation ne nous paraît pas flatteuse ; car, en d'autres termes, c'est à peu près comme si on disait : Elle a besoin de toilette pour être bien.

Plus rare, beaucoup plus rare est la femme dont on peut dire : « Elle sait donner à la toilette un grand air de comme il faut, qui lui sied à ravir et qui fait plaisir à voir. »

Dans le premier cas, c'est la toilette qui fait valoir la femme ; dans le second, c'est la femme qui donne du relief à la toilette.

. .
. .

Deux choses, également belles, également riches, également distinguées, dominent dans la toilette des femmes du monde.

Deux choses que le caprice de la mode fait abandonner pendant quelque temps pour

Non.

C'était de la part de la mode une fugue capricieuse dans le domaine de la fantaisie.

Ne l'avons-nous pas vue aussi abandonner le cachemire! le cachemire, ce type de la suprême élégance, si souverainement reconnu qu'il n'y a pas de toilette de femme complète sans deux ou trois cachemires.

Aussi est-elle revenue à ce magnifique ornement qui, par la finesse de son tissu, la majesté de son drapé, surpasse en élégance et en distinction tout ce que la coquetterie a pu inventer pour l'imiter ou le remplacer.

Inutiles efforts d'un caprice éphémère! —

On revient toujours au culte du vrai beau. —
L'apparition du cachemire en France fut
saluée par un cri d'admiration. On le trouvait
si beau dans sa majestueuse ampleur qui
laissait voir la finesse de son fil, l'éclat de
ses couleurs, la richesse de son dessin, quand
du sommet de belles épaules il descendait en
pointe jusqu'aux extrêmes limites de la robe,
l'enveloppant de partout, comme un man-
teau royal !

Ah ! il était bien beau ! mais il était bien
cher.   Et si on l'a un peu abandonné, ce
n'est pas qu'on ait méconnu jamais son droit
de préséance ; c'est que peu de femmes pou-
vaient s'en passer la fantaisie. La France
était alors tributaire de l'étranger pour ces
magnifiques tissus. Aujourd'hui que notre
industrie en fabrique d'aussi beaux, et à des
prix accessibles, nous retrouvons le cachemire partout où le grand monde se rencontre,
à la promenade, au bois, aux courses, et nous
le retrouvons là comme il doit être porté, en

draperie tombante, et non pas en burnous
écourté ; l'un est beau, l'autre n'arrive pas à
être joli.

..

Les *fourrures* tiennent une place distin-
guée dans les accessoires de la grande toilette.

Cependant les femmes ont leurs belles
chevelures, que nous trouvons aussi riches de
tons chatoyants que les plus belles peaux de
bêtes du monde.

Les *bijoux* aussi tentent les femmes.
Pourquoi ? N'ont-elles pas un écrin naturel

de trente-deux perles dans la bouche, et sous la voûte du front deux étoiles qui jettent plus de feux que les diamants de Golconde et de Ceylan ?

..

Ah ! si la femme, — fille, épouse ou mère, — connaissait l'empire de sa beauté, de sa beauté unie aux charmes de l'esprit, aux grâces de la nature, aux qualités du cœur, elle pourrait, sans autres ornements, se présenter, dans toute la splendeur de ses vertus, à l'admiration de l'homme, — et l'homme vaincu reconnaîtrait son maître...

C'est déjà fait.

FIN

TABLE

FIN DE LA TABLE.

CLICHY. — Imp. Maurice Loignon, Paul Dupont. et Cie.
rue du Bac d'Asnières, 12.